TOP'ACTUEL

ANALYSE FINANCIÈRE 2022-23

Gilles Meyer
Professeur agrégé de l'université

hachette

Dans la même collection

- ▶ *Auto-entrepreneur*
- ▶ *Comptabilité*
- ▶ *Droit de l'immobilier*
- ▶ *Droit des sociétés*
- ▶ *Droit du travail*
- ▶ *Droit des assurances*
- ▶ *Fiscalité*
- ▶ *La Paye*
- ▶ *Fiscalité du patrimoine*
- ▶ *Plan comptable général*

Maquette intérieure : OPIXIDO
Principe de couverture : Karine Nayé
Couverture : Christelle Defretin
Mise en pages : Jérôme Pagès
Édition : Justine Massel

www.parascolaire.hachette-education.com
ISBN : 978-2-01-718229-0

SOMMAIRE

Analyse de l'activité

Analyse de la structure financière

Analyse de la rentabilité

Analyse par les tableaux de flux

Éléments prévisionnels

FICHE 1

LES SOLDES INTERMÉDIAIRES DE GESTION (1) – DÉFINITION ET CALCUL

1 - DÉFINITION ET UTILITÉ DES SOLDES INTERMÉDIAIRES DE GESTION (SIG)

Les SIG sont des indicateurs de gestion établis à partir des données du compte de résultat. Ils permettent de comprendre la formation du résultat et d'apprécier la performance de l'activité de l'entreprise.

2 - SCHÉMA D'ENSEMBLE DES SIG

Marge commerciale	Ventes de marchandises – coût d'achat des marchandises vendues(1)
Production de l'exercice	Production vendue + production stockée(2) + production immobilisée
Valeur ajoutée	**Marge commerciale** + production de l'exercice – consommation de l'exercice en provenance de tiers(3)
Excédent brut d'exploitation	**Valeur ajoutée** + subventions d'exploitation – impôts, taxes et versements assimilés – charges de personnel
Résultat d'exploitation	**Excédent brut d'exploitation** + autres produits d'exploitation + reprises sur provisions d'exploitation + transferts de charges d'exploitation – dotations aux amortissements, provisions et dépréciations – autres charges d'exploitation
Résultat courant avant impôt	**Résultat d'exploitation** +/– quote-part de résultat sur opérations faites en commun + produits financiers – charges financières
Résultat exceptionnel	Produits exceptionnels – charges exceptionnelles
Résultat de l'exercice	**Résultat courant avant impôt** **+ résultat exceptionnel** – participation des salariés – impôt sur les bénéfices
Plus ou moins values sur cessions d'éléments d'actif	Produits des cessions d'éléments d'actif – valeurs comptables des éléments d'actif cédés

(1) Coût d'achat des marchandises vendues : achats de marchandises + variation d stock de marchandises. **La variation de stock est égale à stock initial – stock final**

ANALYSE DE L'ACTIVITÉ

Exemple : Achats de marchandises = 20 000 € ; stock initial = 3 000 € ; stock final = 5 000 €. Le coût d'achat des marchandises vendues = 20 000 + (3 000 – 5 000) = 18 000 €.

(2) Production stockée : elle représente la variation de stocks de produits finis (et/ou de produits en cours). **Elle est égale à stock final – stock initial.**

(3) Consommation de l'exercice en provenance de tiers : coût d'achat des approvisionnements consommés (achats matières premières et autres approvisionnements + variations de stock de matières et approvisionnements) + achats non stockés matières et fournitures + achats de sous-traitance + services extérieurs (dont personnel intérimaire et loyers de crédit-bail).

3 - SIGNIFICATION DES SIG

Marge commerciale	Elle est relative à l'activité de négoce. Elle permet d'apprécier l'efficacité de la politique commerciale de l'entreprise.
Production de l'exercice	Elle concerne l'entreprise qui exerce une activité de transformation. Elle constitue un indicateur de la capacité industrielle en ce sens qu'elle représente l'ensemble de l'activité de l'exercice (production vendue, stockée et immobilisée).
Valeur ajoutée	Elle mesure l'accroissement de richesse (ou valeur) donnée par l'entreprise aux consommations en provenance de tiers. Elle permet de mesurer le degré d'intégration de l'entreprise, c'est-à-dire son aptitude à assurer elle-même un certain nombre de phases de production. La valeur ajoutée sert à rémunérer le personnel, l'État, les apporteurs de capitaux (créanciers, associés) et l'entreprise elle-même.
Excédent brut d'exploitation (ou insuffisance brute d'exploitation)	L'EBE est un flux potentiel de trésorerie généré par l'exploitation. L'EBE est un indicateur significatif pour évaluer et comparer la performance de l'exploitation des entreprises car il est indépendant de la politique d'amortissement et du mode de financement de celles-ci.
Résultat d'exploitation	Le résultat d'exploitation se distingue de l'EBE en ce sens qu'il tient compte de la politique d'amortissement de l'entreprise. Il mesure la performance de l'exploitation indépendamment de son mode de financement.
Résultat courant avant impôt	Le RCAI prend en compte l'incidence de la politique de financement de l'entreprise sur la formation du résultat. Il n'est pas perturbé des éléments exceptionnels ou fiscaux.
Résultat exceptionnel	Il est calculé indépendamment des soldes précédents. Il regroupe les éléments inhabituels (cessions d'immobilisations, provisions réglementées).
Résultat net de l'entreprise	Il représente le revenu qui revient aux associés. Il permet de calculer la rentabilité des capitaux propres (résultat net/capitaux propres).
Plus ou moins values sur cessions d'éléments d'actif	Ce solde est déjà compris dans le résultat exceptionnel. Il présente un intérêt pour l'établissement du tableau de financement.

FICHE 2 LES SOLDES INTERMÉDIAIRES DE GESTION (2) – APPLICATION CORRIGÉE

Vous disposez du compte de résultat de la société MÉTALUX :

Exercice	N
Production vendue	400 000
Production stockée	1 200
Subventions d'exploitation	150
Reprises sur dépréciations et provisions	5 000
Autres produits	
Produits d'exploitation	**406 350**
Achats de matières et approvisionnements	80 000
Variation de stocks matières	7 000
Variation de stocks autres approvisionnements	–450
Autres achats et charges externes (dont personnel intérimaire : 20 000 € et redevance de crédit-bail : 15 000 €(1))	60 000
Impôts et taxes	25 000
Charges de personnel	75 000
Dotations aux amortissements, dépréciations et provisions	84 000
Autres charges	
Charges d'exploitation	**330 550**
Résultat d'exploitation	**75 800**
Autres intérêts et produits assimilés	1 400
Produits financiers	**1 400**
Intérêts et charges assimilées	14 000
Dotations aux amortissements, dépréciations et provisions	20 000
Charges financières	**34 000**
Résultat financier	**–32 600**
Sur opérations de gestion	0
Sur opérations de capital :	
• produits des cessions d'éléments d'actif	40 000
• subventions d'investissements virées au résultat	1 800
Reprises sur dépréciations et provisions	4 500
Produits exceptionnels	**46 300**
Sur opérations en capital (valeur comptable des éléments d'actif cédés)	30 000
Dotations aux amortissements, dépréciations et provisions	150
Charges exceptionnelles	**30 150**
Résultat exceptionnel	**16 150**
Impôt sur les bénéfices	3 200
Résultat net de l'exercice	**56 150**

(1) La redevance de crédit-bail est ventilée en charges financières pour 3 000 € dotation aux amortissements pour 12 000 €.

Le tableau des SIG est le suivant :

Soldes intermédiaires de gestion	Montant
Marchandises vendues	0
– coût d'achat des marchandises vendues	0
Marge commerciale	**0**
Production vendue	400 000
Production stockée	1 200
Production immobilisée	
Production de l'exercice	**401 200**
Marge commerciale + production vendue	**401 200**
– consommation de l'exercice en provenance des tiers : 80 000 + 7 000 – 450 + 60 000	146 550
Valeur ajoutée	**254 650**
+ subventions d'exploitation	150
– impôts, taxes et versements assimilés	25 000
– charges de personnel	75 000
Excédent brut d'exploitation	**154 800**
Reprises sur provisions et transferts sur charges d'exploitation	5 000
Autres produits	0
– dotations aux amortissements et aux provisions	– 84 000
– autres charges	0
Résultat d'exploitation	**75 800**
Quote-part de résultat sur opération faite en commun	
Produits financiers	1 400
– charges financières	– 34 000
Résultat courant avant impôts	**43 200**
Produits exceptionnels	46 300
– charges exceptionnelles	– 30 150
Résultat exceptionnel	**16 150**
– participation des salariés	0
– impôts sur les bénéfices	– 3 200
Résultat de l'exercice	**56 150**
Produits de cession	40 000
– valeur comptable des éléments d'actif cédés	– 30 000
Plus ou moins-values de cessions	**10 000**

FICHE 3

LES SOLDES INTERMÉDIAIRES DE GESTION RETRAITÉS

1 - OBJECTIFS DES RETRAITEMENTS

Les analystes financiers préconisent de retraiter certains soldes intermédiaires de gestion afin de :

- donner une **approche plus économique** à ces derniers (alors que le PCG retient une présentation plus juridique) ;
- rendre homogène les soldes relatifs à des entreprises différentes (principalement pour **comparer les performances d'entreprises** qui ont recours à des modes de production ou de financement différents).

2 - LES PRINCIPAUX RETRAITEMENTS

Postes retraités	Justification
Subventions d'exploitation	Certaines subventions d'exploitation représentent un complément de chiffre d'affaires. Elles compensent une insuffisance du prix de vente. **Elles sont ajoutées à la valeur ajoutée.**
Charges de personnel extérieur	Les charges de personnel extérieur à l'entreprise figurent dans le compte 621. **Afin de rendre homogènes les SIG, elles sont extraites de ce compte et ajoutées aux charges de personnel.**
Participation des salariés	La charge de participation des salariés aux résultats **est intégrée aux charges de personnel**.
Les redevances de crédit-bail et de location financière	Les redevances de crédit-bail sont inscrites dans une subdivision du compte 61. Juridiquement, l'entreprise n'est pas propriétaire du bien. Sur un plan économique, quel que soit son mode de financement, le bien contribue au développement économique de l'entreprise. La redevance de crédit-bail est retirée des consommations en provenance des tiers et scindée : • **en dotation aux amortissements** (pour la dotation aux amortissements qui aurait été pratiquée par l'entreprise si elle avait acquis le bien en pleine propriété) ; • **en charges financières** (pour le montant des intérêts qu'aurait constaté l'entreprise si elle avait financé le bien par emprunt).

■ *EXEMPLE*

Une société a souscrit début N un contrat de location-financement concernant une machine-outil. Cet équipement, d'une valeur de 75 000 €, aurait fait l'objet d'un amortissement linéaire sur 6 ans, s'il avait été acquis en pleine propriété. La redevance de crédit-bail pour l'exercice N s'élève à 15 000 €.

Le loyer annuel se ventile entre :

- dotation aux amortissements : $\frac{75\,000}{6} = 12\,500$ € ;
- charge d'intérêt : 15 000 – 12 500 = 2 500 €.

3 - TABLEAU RÉCAPITULATIF DES SIG RETRAITÉS

Calcul des SIG retraités à partir du cas MÉTALUX (voir fiche 2).

Les données retraitées sont :

- subventions d'exploitation : 150 € ;
- personnel intérimaire : 20 000 € ;
- redevance de crédit-bail : 15 000 €.

Soldes retraités	Modalités de calcul	Application au cas MÉTALUX	
Valeur ajoutée	= Valeur ajoutée (PCG) + personnel extérieur + redevances de location-financement + subventions d'exploitation	254 650 +20 000 +15 000 +150	289 800
Excédent brut d'exploitation	= Excédent brut d'exploitation (PCG) + redevances de location-financement – participation des salariés	154 800 +15 000	169 800
Résultat d'exploitation	= Résultat d'exploitation (PCG) + charges financières sur location-financement – participation des salariés	75 800 +3 000	78 800
Résultat courant avant impôt	= Résultat courant avant impôt (SIG) – participation des salariés	43 200	43 200

LA CAPACITÉ D'AUTOFINANCEMENT

1 - DÉFINITION

La capacité d'autofinancement (CAF) peut être définie comme la différence entre les **produits encaissables et les charges décaissables**.

La CAF est un **flux potentiel de trésorerie** (flux de fonds) généré par l'activité de l'entreprise. Elle représente une ressource de financement d'origine interne.

Illustrons le concept de CAF à partir d'un exemple :

- ventes de marchandises : 200 000 € dont 70 % réglés comptant ;
- achats de marchandises : 120 000 € dont 80 % réglés comptant ;
- frais de personnel : 30 000 € payés ;
- dotation aux amortissements : 10 000 €.

Indicateur	Calcul	Montant
Résultat	Produits – charges	200 000 – (120 000 + 30 000 + 10 000) = 40 000
CAF	Produits encaissables – charges décaissables	200 000 – (120 000 + 30 000) = 50 000
Trésorerie	Produits encaissés – charges décaissées	200 000 × 0,70 – 120 000 × 0,80 – 30 000 = 14 000

2 - LE CAS PARTICULIER DES PRODUITS DES CESSIONS D'ÉLÉMENTS D'ACTIF

Les produits des cessions d'éléments d'actif (compte 775) constituent bien des produits encaissables. Ils devraient donc être pris en compte pour le calcul de la CAF. Toutefois, ils sont exclus du calcul de la CAF pour les raisons suivantes :

- la CAF ne prend en compte que les **opérations de gestion courante**. Elle exclu les opérations exceptionnelles en capital relatives aux cessions d'immobilisations
- les cessions d'immobilisations relèvent de la **fonction investissement**. En isolant les produits de cessions et en les rapprochant des acquisitions d'immobilisations, on fait apparaître l'investissement net.

3 - UTILITÉ DE LA CAF

La CAF est la partie de la valeur ajoutée qui revient à l'entreprise et à ses associés. Elle sert à financer les investissements de l'entreprise, maintenir le potentiel économique de l'entreprise, rémunérer les associés (CAF – dividendes = autofinancement) et rembourser les dettes financières.

4 - MODALITÉS DE CALCUL DE LA CAF

La CAF peut être calculée à partir de l'EBE (**méthode dite explicative préconisée par le PCG**) ou du résultat net (méthode dite vérificative).

EBE	Résultat net
EBE	Résultat net de l'exercice
+ autres produits d'exploitation	+ dotations aux amort., prov. et dépréciations
+ transferts de charge	+ valeur comptable des éléments d'actif cédés
+ produits financiers encaissables	– reprises sur amort., prov. et dépréciations
+ produits exceptionnels encaissables	– produits des cessions d'éléments d'actif immobilisés
– autres charges d'exploitation	– quote-part des subventions d'investissement virées au compte de résultat
– charges financières décaissables	
– charges exceptionnelles décaissables	
– participation des salariés	
– impôt sur les bénéfices	

CAF retraitée = CAF (PCG) + dotations aux amortissements relatives aux biens financés par crédit-bail.

Application au cas *MÉTALUX*

EBE		Résultat net	
EBE	154 800	Résultat net de l'exercice	56 150
+ autres produits d'exploitation		+ dotations aux amortissements, provisions et dépréciations	+104 150
+ transferts de charge		+ valeur comptable des éléments d'actif cédés	+30 000
+ produits financiers encaissables	+1 400	– reprises sur amortissements, provisions et dépréciations	–9 500
+ produits exceptionnels encaissables		– produits des cessions d'éléments d'actif immobilisés	–40 000
– autres charges d'exploit.		– quote-part des subventions d'investissement virées au compte de résultat	–1 800
– charges financières décaissables	–14 000		
– charges exceptionnelles décaissables			
– participation des salariés			
– impôt sur les bénéfices	–3 200		
CAF	**139 000**	**CAF**	**139 000**

CAF retraitée : 139 000 + 12 000 (part de l'amortissement comprise dans la redevance de crédit-bail) = 151 000 €.

LES RATIOS ISSUS DES SIG

L'élaboration des SIG peut être utilement complétée par l'étude de **ratios** permettant d'apprécier la **performance économique** de l'entreprise.
L'analyse n'est pertinente que si ces ratios sont comparés **dans le temps** et avec les **entreprises du même secteur**.
Les ratios sont généralement calculés à partir des **soldes intermédiaires de gestion retraités**.

1 - L'ANALYSE DE L'ACTIVITÉ ET DE LA PROFITABILITÉ

L'évolution de l'activité peut être mesurée par :

Taux de variation du chiffre d'affaires	$\frac{CAHT_n - CAHT_{n-1}}{CAHT_{n-1}}$
Taux de variation de la valeur ajoutée	$\frac{VA_n - VA_{n-1}}{VA_{n-1}}$

La profitabilité est **l'aptitude d'une entreprise à dégager des bénéfices** notamment par son exploitation et plus généralement par son activité.

La profitabilité met en **relation une marge (ou un profit) avec le niveau d'activité** (mesuré par le chiffre d'affaires).

Elle peut être appréciée par les ratios suivants :

Taux de marge commerciale	**Marge commerciale/Ventes de marchandises** Dans les entreprises commerciales, la marge commerciale est le premier indicateur de performance. Ce ratio doit être comparé aux normes du secteur d'activité auquel l'entreprise appartient.
Taux de marge brute d'exploitation	**EBE ou résultat d'exploitation/Chiffre d'affaires HT** L'EBE est préféré au résultat d'exploitation. En effet, l'EBE est indépendant de la politique d'amortissement, de financement et de la réglementation fiscale.
Taux de marge bénéficiaire	**Résultat de l'exercice/Chiffre d'affaires HT** Le résultat permet d'apprécier la performance financière globale de l'entreprise.

2 - LA RÉPARTITION DE LA VALEUR AJOUTÉE

La valeur ajoutée sert à rémunérer les parties prenantes de l'entreprise : personnel, prêteurs, État, associés ou actionnaires.

Les ratios suivants peuvent être calculés :

Part du personnel	$\frac{\text{Charges de personnel + Participation des salariés}}{\text{Valeur ajoutée}}$
Part de l'État	$\frac{\text{Impôts, taxes + Impôt sur les bénéfices}}{\text{Valeur ajoutée}}$
Part des créanciers	$\frac{\text{Charges financières (hors dotations)}}{\text{Valeur ajoutée}}$
Part de l'entreprise	$\frac{\text{Autofinancement}}{\text{Valeur ajoutée}}$

3 - LA CAPACITÉ DE REMBOURSEMENT DE L'ENTREPRISE

La CAF sert notamment à rembourser les annuités d'emprunts contractés par l'entreprise.

La capacité de remboursement de l'entreprise peut être appréciée par le ratio :

$$\frac{\textbf{Dettes financières}}{\textbf{CAF}}$$

Ce ratio est souvent utilisé dans la pratique bancaire qui préconise que **l'endettement n'excède pas 3 à 4 fois la CAF**.

LE CONCEPT DE BILAN FONCTIONNEL

Le bilan fonctionnel est un bilan comptable retraité dans le but d'expliquer le fonctionnement de l'entreprise.

Les éléments de l'actif et du passif sont classés en différents cycles, ce qui permet :

- le calcul de différents agrégats (fonds de roulement, besoin en fonds de roulement, trésorerie) ;
- l'analyse de l'équilibre financier de l'entreprise.

1 - LES CYCLES FONCTIONNELS

Cycle d'investissement	Cycle long qui s'étend sur plusieurs années. Il est représenté par les emplois stables (ou durables) de l'entreprise (investissements incorporels, corporels et financiers).
Cycle de financement	Il est représenté par les ressources stables ou durables (capitaux propres, dettes financières) nécessaires au financement des emplois stables.
Cycle d'exploitation	Ensemble des opérations allant de l'acquisition des matières premières et/ou marchandises jusqu'au recouvrement des créances clients. Le cycle d'exploitation est court pour une entreprise commerciale, plus long pour une entreprise de production. Il est représenté par : • les actifs d'exploitation (besoins de financement générés par le cycle d'exploitation) ; • les dettes d'exploitation (ressources de financement générées par le cycle d'exploitation).
Cycle hors exploitation	Certaines opérations n'ont pas de lien direct avec l'exploitation (placements financiers, dettes d'IS, sur immobilisations). Elles sont regroupées dans l'actif et le passif hors exploitation.

2 - LES PRINCIPES D'ÉLABORATION DU BILAN FONCTIONNEL

- L'analyse fonctionnelle repose sur une **hypothèse de continuité d'exploitation**.
- Le bilan fonctionnel est élaboré à partir d'un bilan PCG **avant répartition du résultat**.
- Les éléments de l'actif sont inscrits pour **leur valeur d'origine (valeur brute)**, les amortissements et dépréciations sont assimilés à des ressources stables.

- Les éléments du bilan (PCG) **sont classés selon le cycle** auquel ils appartiennent.
- **Des retraitements sont prévus par la Centrale de bilans de la Banque de France (CDB)** ; ils permettent de donner une image plus économique du bilan fonctionnel et facilitent les comparaisons interentreprises.

3 - LES GRANDES MASSES D'UN BILAN FONCTIONNEL

Emplois stables *(cycle d'investissement)*	**Ressources stables** *(cycle de financement)*
Actif circulant d'exploitation *(cycle d'exploitation)*	**Passif circulant d'exploitation** *(cycle d'exploitation)*
Actif circulant hors exploitation *(cycle hors exploitation)*	**Passif circulant hors exploitation** *(cycle hors exploitation)*
Trésorerie active	**Trésorerie passive**

4 - LES AGRÉGATS DU BILAN FONCTIONNEL (PRÉSENTATION SIMPLIFIÉE)

- Fonds de roulement net global (FRNG) = ressources stables – emplois stables.
- Besoin en fonds de roulement d'exploitation (BFRE) = actif circulant exploitation – passif circulant exploitation.
- Besoin en fonds de roulement hors exploitation (BFRHE) = actif circulant hors exploitation – passif circulant hors exploitation.
- Trésorerie nette = trésorerie active – trésorerie passive.

FICHE 7

LES RETRAITEMENTS DU BILAN FONCTIONNEL

1 - LES CORRECTIONS LIÉES AUX EMPLOIS STABLES

Actionnaires, capital souscrit non appelé	• À éliminer de l'actif du bilan. • À soustraire des capitaux propres afin de ne prendre en compte que les ressources effectivement mises à la disposition de la société.
Charges à répartir	• Elles figurent au bas du bilan. • Elles sont à ajouter aux emplois stables (pour leur montant brut) car assimilées à des immobilisations dans l'analyse fonctionnelle.
Amortissements des immobilisations	• Ils représentent une ressource de financement. • À ajouter aux ressources stables (y compris les amortissements des charges à répartir).
Primes de remboursement des obligations	• À éliminer de l'actif du bilan. • À déduire des emprunts obligataires (ressources stables). Il n'est tenu compte que du prix d'émission de l'emprunt.
Intérêts courus sur créances immobilisées, prêts	• À reclasser en actif circulant hors exploitation.

2 - LES CORRECTIONS LIÉES AUX ÉLÉMENTS DE L'ACTIF CIRCULANT D'EXPLOITATION ET HORS EXPLOITATION

Charges constatées d'avance	• Montant à ventiler en actif d'exploitation ou hors exploitation, selon leur nature.
Écart de conversion actif sur créance	• Les créances doivent être évaluées à leur valeur d'origine. • Les écarts de conversion actifs doivent être neutralisés, c'est-à-dire ajoutés aux créances.
Écart de conversion passif sur créances	• Ils sont déduits des créances.
Capital souscrit, appelé – non versé	• À reclasser en actif circulant hors exploitation.
Valeurs mobilières de placement	
Les intérêts courus sur prêts	

3 - LES CORRECTIONS LIÉES AUX RESSOURCES STABLES

Actionnaires, capital souscrit non appelé	• À soustraire des capitaux propres afin de ne prendre en compte que les ressources effectivement mises à la disposition de la société.
Amortissements et dépréciations de l'actif du bilan	• À ajouter aux capitaux propres.
Dettes financières (sauf concours bancaires courants et soldes créditeurs de banque)	• Elles représentent une ressource stable. Elles sont à ajouter aux capitaux propres.
Concours bancaires courants et soldes créditeurs de banque	• À soustraire des emprunts et à ajouter à la trésorerie passive.
Intérêts courus sur emprunts *(voir point 4)*	• *À reclasser en dette hors exploitation.*
Écarts de conversion actifs sur dettes	• Les dettes doivent être évaluées à leur valeur d'origine. • Les écarts de conversion actifs sont à déduire des dettes.
Écarts de conversion passifs sur dettes	• Les écarts de conversion passifs sont ajoutés aux dettes.

4 - LES CORRECTIONS LIÉES AUX DETTES D'EXPLOITATION ET HORS EXPLOITATION

Produits constatés d'avance	• Montant à ventiler en dette d'exploitation ou hors exploitation, selon leur nature.
Intérêts courus sur emprunts	• À soustraire des emprunts et à reclasser en dette hors exploitation.
Dette sur immobilisation, dette d'IS **Dividendes à payer**	• À reclasser en dette hors exploitation.

5 - TRÉSORERIE ACTIVE – TRÉSORERIE PASSIVE

Trésorerie active : disponibilités.

Trésorerie passive : concours bancaires courants, soldes créditeurs de banque.

FICHE 8 LES AGRÉGATS DU BILAN FONCTIONNEL

1 - LE FONDS DE ROULEMENT

DÉFINITION

Le fonds de roulement net global (FRNG) représente l'excédent des ressources stables sur les emplois stables.

Il représente la partie des ressources stables non utilisée pour financer les emplois stables et qui peut servir à financer le besoin de financement du cycle d'exploitation.

CALCUL

FRNG = ressources stables – emplois stables

ou

FRNG = actif circulant – passif circulant

2 - LE BESOIN EN FONDS DE ROULEMENT

DÉFINITION

Le besoin en fonds de roulement représente un besoin de financement généré pa des décalages dans le temps entre :

Nature du décalage	Postes du bilan	Besoin	Ressource
Achat et vente	Stock	✗	
Vente et encaissement	Créance	✗	
Achat et règlement	Dette		✗

On distingue :

- Le besoin en fonds de roulement d'exploitation (BFRE) généré par le cycl d'exploitation. Il comprend une composante stable dite « structurelle » (qu dépend de la durée de stockage, des délais de paiement des clients et fournisseurs) et une conjoncturelle (le BFRE varie avec le niveau d'activité représent par le chiffre d'affaires).
- Le besoin en fonds de roulement hors exploitation (BFRHE) généré par l cycle hors exploitation.

CALCUL

BFRE = actif circulant d'exploitation (ACE) – dettes circulantes d'exploitation (DCE).

BFRHE = actif circulant hors exploitation (ACHE) – dettes circulantes hors exploitation (DCHE).

Besoin en fonds de roulement total (BFR) = BFRE + BFRHE.

3 - LA TRÉSORERIE NETTE

DIFFÉRENCE ENTRE TRÉSORERIE ACTIVE ET PASSIVE

Trésorerie nette = trésorerie active – trésorerie passive, avec :

Trésorerie active = disponibilités.

Trésorerie passive = concours bancaires courants + soldes créditeurs de banque.

RELATION ENTRE FRNG – BFR – TRÉSORERIE NETTE

Trésorerie nette = FRNG – BFR

- Si FRNG – BFR > 0, la trésorerie nette est positive.
- Si FRNG – BFR < 0, la trésorerie nette est négative.

FICHE 9

LES RATIOS ISSUS DU BILAN FONCTIONNEL

L'élaboration de ratios va permettre d'analyser l'évolution dans le temps de la structure financière de l'entreprise et effectuer des comparaisons avec des entreprises du même secteur d'activité.

1 - RATIOS DE STRUCTURE FINANCIÈRE

Ratios de couverture des capitaux investis par les ressources stables

$$\text{Ratio} = \frac{\text{Ressources stables}}{\text{Capitaux investis}}$$

- Il mesure le financement des emplois stables par les ressources stables. Il doit être proche de 100 % (règle de l'équilibre financier).
- La Centrale de bilans de la Banque de France préconise le financement de la composante stable du BFRE par les ressources stables.
- Selon cette logique : Capitaux investis = emplois stables + BFRE.

Le taux d'endettement

$$\text{Taux d'endettement} = \frac{\text{Dettes financières}}{\text{Ressources propres}}$$

- Ce ratio permet d'apprécier le degré de dépendance de l'entreprise vis-à-vis des établissements bancaires. Il ne devrait pas excéder 1.
- Dettes financières y compris la trésorerie passive.
- Ressources propres : capitaux propres + amortissements et provisions.

La capacité de remboursement de l'entreprise

$$\text{Capacité de remboursement} = \frac{\text{Dettes financières}}{\text{CAF}}$$

- Ce ratio indique le délai nécessaire au remboursement des dettes financières par l'intermédiaire de la CAF. Il ne devrait pas excéder 4.

2 - RATIOS DE ROTATION

- Ces ratios permettent d'expliquer l'évolution des composantes du besoin en fonds de roulement d'exploitation.
- Ils sont calculés en rapportant un compte de bilan à un flux de même nature.
- Ils sont exprimés en nombre de jours.

RATIOS DE ROTATION DES STOCKS

- Ils expriment la durée de présence des stocks dans l'entreprise.
- Un ratio faible signifie que le stock « tourne rapidement ». Les fonds « immobilisés » dans le stock se transforment rapidement en disponibilités.

Stock de matières premières	$\dfrac{\text{Stock moyen de matières}^{(*)}}{\text{Coût d'achat des matières consommées}} \times 360 \text{ jours}$
Stock de marchandises	$\dfrac{\text{Stock moyen de marchandises}^{(*)}}{\text{Coût d'achat des marchandises consommées vendues}} \times 360 \text{ jours}$
Stock de produits finis	$\dfrac{\text{Stock moyen de produits finis}^{(*)}}{\text{Coût d'achat des produits finis vendus}} \times 360 \text{ jours}$

(*) $\text{Stock moyen} = \dfrac{\text{stock initial} + \text{stock final}}{2}$

RATIO DE ROTATION DES CRÉANCES CLIENTS

- Il exprime la durée moyenne du crédit accordé aux clients.
- Il dépend de la politique commerciale suivie par l'entreprise.

Ratio crédit client

$$= \frac{\textbf{Créances clients et comptes rattachés + EENE}}{\textbf{Chiffre d'affaires TTC}} \times \textbf{360 jours}$$

RATIO CRÉDIT FOURNISSEUR

- Il détermine le délai moyen de règlement accordé par les fournisseurs.
- Le délai de paiement accordé par le fournisseur constitue une ressource de financement.

Ratio crédit fournisseur

$$= \frac{\textbf{Dettes fournisseurs et comptes rattachés}}{\textbf{(Achats + Charges externes) TTC}} \times \textbf{360 jours}$$

LE BILAN FONCTIONNEL APPLICATION CORRIGÉE

Le bilan de l'entreprise ALPHA se présente comme suit au 31 décembre N :

ACTIF	Brut	Amortissement et dépréciation	Net	PASSIF	Net
Actif immobilisé				**Capitaux propres**	
Immobilisations incorporelles	8 700	1 600	7 100	Capital	80 000
Immobilisations corporelles	103 600	18 800	84 800	Réserves	13 500
Total I	**112 300**	**20 400**	**91 900**		
Actif circulant				Report à nouveau	100
Stocks	28 100	1 500	26 600	Résultat de l'exercice	30 000
Créances clients	55 600	3 300	52 300	**Total I**	**123 600**
Disponibilités	1 500		1 500	Provisions pour risques et charges	12 500
Total II	**85 200**	**4 800**	**80 400**	**Total II**	**12 500**
				Dettes	
				Emprunts(*)	11 000
				Fournisseurs	12 000
				Dettes fiscales et sociales	10 000
				Dettes sur immobilisations	3 200
				Total III	**36 200**
TOTAL	**197 500**	**25 200**	**172 300**	**TOTAL**	**172 300**

(*) dont concours bancaires courants (soldes créditeurs de banque) : 8 000 €.

- Chiffre d'affaires HT : 600 000 €.
- Achats et services HT : 350 000 €.

1) Présentez le bilan fonctionnel condensé.
2) Calculez : le FRNG, le BFRE, la trésorerie.
3) Calculez les ratios : couverture des emplois stables, taux d'endettement, durée crédit client, durée crédit fournisseur.
4) Commentez succinctement la situation financière.

CORRIGÉ

1)

Emplois stables	Immobilisations brutes	8 700 + 103 600	112 300
Actif circulant exploitation	Stocks et en-cours Créances clients	28 100 55 600	83 700
Trésorerie active	Disponibilités	1 500	1 500
Ressources stables	Capitaux propres Amortissements et dépréciations Provisions pour risques et charges Emprunt (hors CBC)	123 600 25 200 12 500 3 000	164 300
Dettes circulantes exploitation	Dettes fournisseurs Dettes fiscales et sociales	12 000 10 000	22 000
Dettes circulantes hors exploitation	Dettes sur immobilisations	3 200	3 200
Trésorerie passive	Soldes créditeurs de banque	8 000	8 000

2)

FRNG	Ressources stables – emplois stables	52 000
BFRE	ACE – DCE	61 700
BFRHE	ACHE – DCHE	–3 200
Trésorerie	Trésorerie active – trésorerie passive	–6 500

3)

Couverture des emplois stables	$\frac{164\,300}{112\,300}$	1,46
Taux d'endettement	$\frac{11\,000}{123\,600 + 12\,500 + 25\,200}$	0,068
Crédit client	$\frac{55\,600}{600\,000 \times 1{,}20} \times 360$	28 jours
Crédit fournisseur	$\frac{12\,000}{350\,000 \times 1{,}20} \times 360$	10 jours

4) Les ressources stables financent les emplois stables. En revanche, le besoin de financement du cycle d'exploitation est supérieur au fonds de roulement net global ce qui permet d'expliquer la mauvaise situation de la trésorerie.

LA RENTABILITÉ ET LE RISQUE ÉCONOMIQUE

1 - LA RENTABILITÉ ÉCONOMIQUE

La rentabilité économique correspond à la création de richesse réalisée par l'actif économique de l'entreprise. **Elle met en relation un résultat avec le capital investi.** Elle intéresse principalement les dirigeants.

L'actif économique de l'entreprise (désigné aussi sous les noms **capital investi** ou fonds opérationnels engagés) est la somme de ses actifs immobilisés et de son besoin en fonds de roulement d'exploitation.

$$\textbf{Taux de rentabilité économique} = \frac{\textbf{Résultat d'exploitation après impôt}}{\textbf{Capital investi}}$$

Ce taux exprime la performance de l'entreprise (au niveau industriel ou commercial) **indépendamment de la politique de financement** mise en œuvre.

2 - LE RISQUE ÉCONOMIQUE (OU D'EXPLOITATION)

DÉFINITION

Il mesure l'incidence d'une **variation du chiffre d'affaires sur le résultat d'exploitation** et donc sur la rentabilité économique.

Le risque économique dépend en grande partie de la **structure des charges d'exploitation** (répartition entre charges variables et charges fixes).

Deux outils permettent d'apprécier le risque économique : le seuil de rentabilité et le levier d'exploitation (ou opérationnel).

LE SEUIL DE RENTABILITÉ

Le seuil de rentabilité est le chiffre d'affaires à partir duquel l'entreprise couvre la totalité de ses charges (charges variables et fixes).

Le seuil de rentabilité est atteint lorsque **le résultat est nul**.

CAHT	Chiffre d'affaires réalisé par l'entreprise
MCV	Marge sur coût variable
Tx.MCV	Taux de marge sur coût variable (soit MCV/CAHT)
CF	Charges fixes
SR	**Chiffre d'affaires critique** correspondant au seuil de rentabilité

Résultat = CA × (Tx.MCV) – CF.

Pour un chiffre d'affaires (SR) tel que le résultat est nul, on obtient :

SR = CF/Tx.MCV.

Le risque économique est d'autant plus élevé que :
- le seuil de rentabilité est proche du chiffre d'affaires. Dans ce cas, la marge de sécurité (différence entre chiffre d'affaires et seuil de rentabilité) est très faible ;
- la proportion des charges fixes est élevée.

EXEMPLE

Soit une entreprise qui réalise un chiffre d'affaires de 500 000 €. Ses charges variables s'élèvent à 200 000 € et ses charges fixes à 150 000 €.
- Taux de marge sur coût variable : (500 000 – 200 000)/500 000 = 0,6.
- Seuil de rentabilité : 150 000/0,60 = 250 000 €.
- La marge de sécurité s'élève à 250 000 € (soit 500 000 – 250 000). Elle est relativement élevée. Elle représente la baisse du chiffre d'affaires que l'entreprise peut supporter.

Le levier d'exploitation (dit aussi opérationnel)

- Indicateur qui mesure la sensibilité du résultat d'exploitation (RE) aux variations du chiffre d'affaires hors taxes (CAHT).

$$\mathbf{LE = \frac{\Delta RE/RE}{\Delta CAHT/CAHT}}$$

Interprétation du résultat : un levier de 2 signifie que lorsque l'activité (chiffre d'affaires) varie de 1 %, le résultat d'exploitation varie de 2 %.

- Le levier d'exploitation est lié à la marge sur coût variable par la relation suivante :

$$\mathbf{LE = \frac{Marge\ sur\ coût\ variable\ (MCV)}{Résultat\ d'exploitation\ (RE)}}$$

- Le levier d'exploitation est lié au seuil de rentabilité par la relation suivante :

Soit SR, le seuil de rentabilité : $SR = \frac{CF}{\alpha}$;

$$\mathbf{LE = \frac{\alpha\, CAHT}{\alpha\, CAHT - \alpha\, SR} = \frac{CAHT}{CAHT - SR}}$$

EXERCICE

En reprenant l'exemple précédent, calculez le levier d'exploitation.

CORRIGÉ

Résultat d'exploitation : CAHT – charges variables – charges fixes = 150 000 €.
Levier d'exploitation : MCV/RE = (500 000 – 200 000)/150 000 = 2
CA/(CA – SR) = 500 000/(250 000) = 2.

LA RENTABILITÉ FINANCIÈRE

1 - LA RENTABILITÉ FINANCIÈRE (OU RENTABILITÉ DES CAPITAUX PROPRES)

DÉFINITION

La rentabilité financière mesure l'aptitude de l'entreprise à dégager un **résultat net** à partir des capitaux propres engagés.

Elle intéresse essentiellement les **actionnaires** puisqu'elle mesure la rentabilité des capitaux qu'ils ont placés dans l'entreprise.

TAUX DE RENTABILITÉ FINANCIÈRE (OU TAUX DE RENTABILITÉ DES CAPITAUX PROPRES)

$$\textbf{Taux de rentabilité financière} = \frac{\textbf{Résultat courant après impôts}}{\textbf{Capitaux propres}}$$

- Au numérateur, le **résultat courant** est préféré au résultat net. Il n'est pas biaisé par les éléments exceptionnels.
- Au dénominateur, **le résultat doit être exclu des capitaux propres**. En effet, pour mesurer une rentabilité, il convient de rapporter un résultat obtenu à la fin d'un exercice aux capitaux engagés au début de l'exercice.

2 - INCIDENCE DE L'ENDETTEMENT SUR LA RENTABILITÉ FINANCIÈRE

Illustrons l'incidence de l'endettement sur la rentabilité des capitaux propres à partir de l'exemple suivant.

Une entreprise a la possibilité d'emprunter au taux d'intérêt de 5 % (i), net d'impôt.

La structure de son bilan pourrait être la suivante (en retenant 3 hypothèses) :

ACTIF		PASSIF	H1	H2	H3
Actif immobilisé	1 000	Capitaux propres	1 500	1 000	800
Besoin en fonds de roulement	500	**Emprunt**	**0**	**500**	**700**
Total	1 500	Total	1 500	1 500	1 500

Scénario 1

Le résultat d'exploitation après IS est de 200.

	H1	H2	H3
Résultat d'exploitation net d'IS	200	200	200
Résultat net d'IS	200	200 – 5 % × 500 = 175	165
Taux de rentabilité économique (t_e)	13,33 %	13,33 %	13,33 %
Taux de rentabilité financière (t_f)	13,33 %	17,50 %	20,63 %

Le taux de rentabilité financière est supérieur au taux de rentabilité économique. L'endettement accroît la rentabilité financière.

Scénario 2

Le résultat d'exploitation après IS est de 60.

	H1	H2	H3
Résultat d'exploitation net d'IS	60	60	60
Résultat net d'IS	60	60 – 5 % × 500 = 35	25
Taux de rentabilité économique (t_e)	4 %	4 %	4 %
Taux de rentabilité financière (t_f)	4 %	3,5 %	3,13 %

Le taux de rentabilité financière est inférieur au taux de rentabilité économique. L'endettement diminue la rentabilité financière.

■ *CONCLUSION*

La rentabilité financière dépend :

- de la rentabilité économique ;
- de l'écart entre la rentabilité économique et le taux d'intérêt ;
- de la structure financière (rapport dettes/capitaux propres).

Scénario 1 : $t_e > i$: la rentabilité financière est supérieure à la rentabilité économique. Elle est d'autant plus élevée que l'endettement est important.

Scénario 2 : $t_e < i$: la rentabilité financière est inférieure à la rentabilité économique. Elle est d'autant plus faible que l'endettement est important.

L'EFFET DE LEVIER ET LE RISQUE FINANCIER

L'outil privilégié pour apprécier la formation de la rentabilité financière est **l'effet de levier financier**.

Il montre comment l'endettement améliore, sous certaines conditions, le taux de rentabilité des capitaux propres.

1 - FORMULE DE L'EFFET DE LEVIER FINANCIER

t_f	Taux de rentabilité financière après impôt
t_e	Taux de rentabilité économique après impôt
D	Valeur comptable des dettes financières
CP	Valeur comptable des capitaux propres
i	Coût de la dette après impôt

$$t_f = t_e + (t_e - i) \times \frac{D}{CP}$$

Retrouvons les résultats de la fiche 12 à partir de la formule de l'effet de levier.

Scénario 1

Résultat d'exploitation net d'IS = 200.

	H1	H2	H3
t_e	13,3 %	13,33 %	13,33 %
i	0	5 %	5 %
D/CP	0	1/2	7/8
t_f	13,33 %	13,33 % + (13,33 % – 5 %) × 1/2 = 17,50 %	13,33 % + (13,33 % – 5 %) × 7/8 = 20,63 %

Scénario 2

Résultat d'exploitation net d'IS = 60.

	H1	H2	H3
t_e	4 %	4 %	4 %
i	0	5 %	5 %
D/CP	0	1/2	7/8
t_f	4 %	4 % + (4 % – 5 %) × 1/2 = 3,5 %	4 % + (4 % – 5 %) × 7/8 = 3,13 %

Interprétation de l'effet de levier

- Il est positif lorsque le taux de rentabilité économique est supérieur au coût de la dette. On parle alors d'**effet de levier ($t_f > t_e$)**.
- Il est négatif dans le cas contraire. On parle d'**effet de massue ($t_f < t_e$)**.
- L'effet de levier est d'autant plus important que le rapport (dettes/capitaux propres) est élevé. Ce rapport est appelé le **bras de levier**.

2 - LE RISQUE FINANCIER

On appelle risque financier **la variation de la rentabilité financière induite par l'endettement**. C'est le risque lié à l'endettement (cessation de paiement, rentabilité attendue par les actionnaires…).

Formule de calcul du risque financier

Le risque financier peut se mesurer par la variance (ou écart type) de la différence entre le taux de rentabilité financière et le taux de rentabilité économique. De combien varie la rentabilité financière en cas de variation de chiffre d'affaires et donc de la rentabilité économique ?

$$\sigma(t_f - t_e) = \sigma(t_e) \times \frac{D}{CP} - \sigma(i) \times \frac{D}{CP} ;$$

le second terme de cette équation est nul.

$$\textbf{Soit : } \sigma(t_f) = \sigma(t_e) + \sigma(t_e) \times \frac{D}{CP} = \sigma(t_e)\,[1 + \frac{D}{CP}]$$

Incidence de l'endettement sur le risque financier

- Le risque financier d'une entreprise endettée **est plus élevé** que celui d'une entreprise non endettée. Les charges financières (charges fixes) augmentent le seuil de rentabilité.
- Le risque financier augmente lorsque, toutes choses égales par ailleurs, **le bras de levier augmente**.

LE TABLEAU DE FINANCEMENT (1) PRÉSENTATION

1 - UTILITÉ DU TABLEAU DE FINANCEMENT

Le tableau de financement est un document de synthèse qui permet d'expliquer comment les nouvelles ressources de l'exercice ont permis de financer les nouveaux emplois. Il propose une **analyse dynamique de l'équilibre financier**.

Il est construit à partir de deux bilans fonctionnels.

Il est présenté en deux parties :
- partie I : elle fait apparaître la variation du fonds de roulement net global ;
- partie II : elle fournit une analyse de la variation du FRNG.

2 - PARTIE I DU TABLEAU DE FINANCEMENT

EMPLOIS	RESSOURCES
Distributions mises en paiement au cours de l'exercice	Capacité d'autofinancement de l'exercice
Acquisition d'éléments de l'actif immobilisé • Immobilisations incorporelles • Immobilisations corporelles • Immobilisations financières	Cessions ou réductions d'éléments de l'actif immobilisé • Cessions d'immobilisations incorporelles • Cessions d'immobilisations corporelles • Cessions ou réductions d'immobilisations financières
Charges à répartir sur plusieurs exercices	Augmentation des capitaux propres
Réduction des capitaux propres (réduction de capital, retrait)	Augmentation des dettes financières
Remboursement des dettes financières	
TOTAL DES EMPLOIS **Variation du fonds de roulement net global (ressource nette)**	TOTAL DES RESSOURCES **Variation du fonds de roulement net global (emploi net)**

3 - PARTIE II DU TABLEAU DE FINANCEMENT

	Besoin (1)	Dégagement (2)	Solde (2) – (1)
VARIATION « EXPLOITATION »			
Variation des actifs d'exploitation :			
• Stocks et en-cours			
• Avances et acomptes versés sur commandes			
• Créances clients, comptes rattachés et autres créances d'exploitation			
Variation des dettes d'exploitation :			
• Avances et acomptes reçus sur commandes en cours			
• Dettes fournisseurs, comptes rattachés et autres dettes d'exploitation			
Totaux			
A. Variation nette « exploitation »			
VARIATION « HORS EXPLOITATION »			
• Variation des autres débiteurs			
• Variation des autres créditeurs			
Totaux			
B. Variation nette « hors exploitation »			
Total A + B			
• Besoin de l'exercice en fonds de roulement			
• Dégagement net de fonds de roulement			
VARIATION « TRÉSORERIE »			
• Variation des disponibilités			
• Variation des concours bancaires courants et soldes créditeurs de banques			
Totaux			
C. Variation nette « trésorerie »			

Variation du fonds de roulement net global (total A + B + C) :
Emploi net
ou ressource nette

LE TABLEAU DE FINANCEMENT (2) CONSTRUCTION

1 - CONSTRUCTION DE LA PARTIE I DU TABLEAU DE FINANCEMENT

Les nouveaux emplois

Nature du poste	Commentaires
Distributions mises en paiement au cours de l'exercice	Il s'agit des dividendes distribués en N et provenant du **résultat de l'exercice N – 1**.
Acquisitions d'éléments de l'actif immobilisé	Les acquisitions d'immobilisations sont inscrites pour leur **valeur brute**.
Charges à répartir sur plusieurs exercices	Il s'agit du **montant brut transféré au cours de l'exercice** par le biais du compte 791- Transfert de charges.
Réduction des capitaux propres	Il ne faut prendre en compte que les réductions qui génèrent des **flux monétaires** : remboursement de capital et retraits de l'exploitant.
Remboursement des dettes financières	Il s'agit du remboursement effectué pendant l'exercice **du capital** des dettes structurelles. **Les intérêts en sont exclus**. Ils sont déjà pris en compte dans le calcul de la CAF. Les concours bancaires courants et les soldes créditeurs de banque en sont exclus.

Les nouvelles ressources

Nature du poste	Commentaires
Capacité d'autofinancement	Flux **potentiel de trésorerie** généré par les opérations courantes de l'exercice N.
Cessions des éléments de l'actif immobilisé	Il s'agit du **prix de cession** des immobilisations incorporelles, corporelles ou financières (prix de cession des titres) au cours de l'exercice.
Réductions d'immobilisations financières	Elles correspondent aux **remboursements** de créances immobilisées et prêts accordés par l'entreprise.
Augmentation de capital	Il ne faut retenir que les **augmentations de capital en numéraire ou en nature**. Les augmentations de capital par incorporation des réserves ne modifient pas le total des capitaux propres. La valeur à retenir correspond au montant du capital appelé augmenté de la prime d'émission.
Augmentation des autres capitaux propres	Cette rubrique concerne les **subventions d'investissement** reçues ainsi que les emprunts assortis de conditions particulières.
Augmentation des dettes financières	Cette rubrique correspond au montant des **emprunts contractés au cours de l'exercice**. Sont exclus de cette rubrique : les concours bancaires courants et soldes créditeurs de banque et les intérêts courus non échus.

2 - CONSTRUCTION DE LA PARTIE II DU TABLEAU DE FINANCEMENT

- La partie II du tableau de financement est construite par similitude avec le **bas du bilan fonctionnel** en distinguant :
  – variation d'exploitation ;
  – variation hors exploitation ;
  – variation trésorerie.
- Chacun des postes de l'actif et du passif est inscrit en besoin ou dégagement selon les règles suivantes :

	Augmentation	Diminution
Variation d'un élément de l'actif	**Besoin** de financement	**Dégagement** de ressources
Variation d'un élément du passif	**Dégagement** de ressources	**Besoin** de financement

- Par convention, chaque solde est calculé par différence entre la colonne dégagement et la colonne besoin.

		Solde > 0	Solde < 0
Solde A	Variation « exploitation »	Diminution du BFRE	Augmentation du BFRE
Solde B	Variation « hors exploitation »	Diminution du BFRHE	Augmentation du BFRHE
Solde C	Variation nette « trésorerie »	La trésorerie nette s'est dégradée	La trésorerie nette s'est améliorée
Solde A + B + C		• **Correspond à la variation du fonds de roulement net global** (montant identique à celui déterminé à l'issue de la partie I). • **Est de signe opposé**.	

3 - LIMITES DU TABLEAU DE FINANCEMENT

Le tableau de financement repose sur le principe de **l'affectation des ressources stables aux emplois stables**. Cette conception est remise en cause par la théorie financière moderne qui considère que les ressources financent un ensemble d'emplois (notion de « *pool* » de fonds).

La construction du tableau de financement repose sur les **notions de CAF et de fonds de roulement fonctionnel**, influencées par des choix comptables (valorisation des stocks, amortissements…).

Le tableau de financement est un **tableau de flux de fonds**, non centré sur la trésorerie. La trésorerie apparaît comme une résultante, différence entre FDR et BFDR.

LE TABLEAU DE FINANCEMENT (3) APPLICATION – ÉNONCÉ

Vous devez réaliser le tableau de financement de la société anonyme BERTOU à partir des informations qui vous sont communiquées par le chef comptable.

Bilans fonctionnels au 31/12/N et au 31/12/N – 1

ACTIF	N – 1	N	PASSIF	N – 1	N
Emplois stables			**Ressources stables**		
• Immobilisations incorporelles	4 000	5 000	• Capitaux propres	140 000	143 000
• Immobilisations corporelles	220 000	285 000	• Amortissements et provisions	78 500	76 100
• Immobilisations financières	4 000	4 500	• Dettes financières	15 000	46 000
Total I	228 000	294 500	Total I		
Actifs circulants exploitation			**Dettes d'exploitation**		
• Stocks	4 000	5 400	• Dettes fournisseurs	12 400	11 100
• Créances clients	13 400	35 200	• Autres dettes d'exploitation	500	1 400
Total II	17 400	40 600	Total II	12 900	12 500
Actifs circulants hors exploitation	2 400	4 800	**Dettes hors exploitation**	4 100	2 400
Trésorerie actif	3 400	1 200	Trésorerie passif	700	61 100
TOTAL	**251 200**	**341 100**	**TOTAL**	**251 200**	**341 100**

Informations diverses

- La société a remboursé en N un emprunt de 9 000 €.
- Elle a également contracté un nouvel emprunt (montant à déterminer).
- Elle a cédé une immobilisation corporelle durant l'exercice. Prix de cession HT : 12 000 €.
- Le résultat de l'exercice N s'est élevé à 4 500 €.
- Dividendes distribués en N : 1 500 €.

TABLEAU DES IMMOBILISATIONS

	Valeur d'origine à l'ouverture de l'exercice	Augmentations	Diminutions	Valeur d'origine à la clôture de l'exercice
Immobilisations incorporelles	4 000	1 000		5 000
Immobilisations corporelles	220 000	110 000	45 000	285 000
Immobilisations financières	4 000	500		4 500

TABLEAU DES AMORTISSEMENTS

	Valeur d'origine à l'ouverture de l'exercice	Augmentations	Diminutions	Valeur d'origine à la clôture de l'exercice
Immobilisations incorporelles	1 000	1 500		2 500
Immobilisations corporelles	72 000	24 000	30 000	66 000

TABLEAU DES DÉPRÉCIATIONS ET PROVISIONS

	Valeur d'origine à l'ouverture de l'exercice	Augmentations	Diminutions	Valeur d'origine à la clôture de l'exercice
Dépréciations	4 000	3 200	1 500	5 700
Provisions pour risques	1 500	800	400	1 900

EXERCICE

1) Calculez la CAF de l'exercice N.

2) Calculez le montant de l'emprunt contracté en N.

3) Établir le tableau de financement partie I.

4) Établir le tableau de financement partie II.

LE TABLEAU DE FINANCEMENT (4) APPLICATION – CORRIGÉ

1) Calculez la CAF de l'exercice N.

	Calculs	Montants
Résultat net	4 500	4 500
+ dotations aux amortissements et provisions	1 500 + 24 000 + 3 200 + 800	+29 500
– reprises sur provisions	1 500 + 400	–1 900
+ valeurs comptables des éléments d'actif cédés	45 000 – 30 000	+15 000
– prix de cession des éléments d'actif cédés	12 000	–12 000
CAF		35 100

2) Calculez le montant de l'emprunt contracté en N.

Dettes financières en N = dettes N–1 + emprunt contracté – remboursement emprunt durant N.

Emprunt contracté en N : 46 000 – 15 000 + 9 000 = 40 000 €.

3) Établir le tableau de financement partie I.

EMPLOIS	Exercice N	RESSOURCES	Exercice N
Distributions mises en paiement	1 500	Capacité d'autofinancement	35 100
Acquisitions d'éléments de l'actif immobilisé		Cessions d'éléments d'actif immobilisé	
		Immobilisations incorporelles	
Immobilisations incorporelles	1 000	Immobilisations corporelles	12 000
Immobilisations corporelles	110 000	Immobilisations financières	
Immobilisations financières	500		
Remboursement de dettes financières	9 000	Augmentation de dettes financières	40 000
Total emplois	122 000	Total ressources	87 100
		Variation du FRNG (emploi net)	34 900

LES TABLEAUX DE FLUX

4) Établir le tableau de financement partie II.

	Besoin (1)	Dégagement (2)	Solde (2) – (1)
VARIATION « EXPLOITATION »			
Variation des actifs d'exploitation :			
• Stocks et en-cours	1 400		
• Avances et acomptes versés sur commandes			
• Créances clients, comptes rattachés et autres créances d'exploitation	21 800		
Variation des dettes d'exploitation :			
• Avances et acomptes reçus sur commandes en cours			
• Dettes fournisseurs, comptes rattachés et autres dettes d'exploitation	400		
Totaux	23 600		–23 600
A. Variation nette « exploitation »			
VARIATION « HORS EXPLOITATION »			
• Variation des autres débiteurs	2 400		
• Variation des autres créditeurs	1 700		
Totaux	4 100		–4 100
B. Variation nette « Hors exploitation »			
Total A + B			–27 700
• Besoin de l'exercice en fonds de roulement			
• Dégagement net de fonds de roulement			
VARIATION « TRÉSORERIE »			
• Variation des disponibilités		2 200	
• Variation des concours bancaires courants et soldes créditeurs de banques		60 400	
Totaux		62 600	+62 600
C. Variation nette « Trésorerie »			
Variation du fonds de roulement net global (total A + B + C) : Emploi net ou ressource nette : 34 900			

LES FLUX DE TRÉSORERIE (1) – L'EXCÉDENT DE TRÉSORERIE D'EXPLOITATION

1 - LES FLUX DE TRÉSORERIE DANS L'ENTREPRISE

Les flux de trésorerie (ou *cash flow* en anglais) sont des **flux d'encaissement** ou de **décaissement**.

Les opérations économiques réalisées par l'entreprise se traduisent par des flux de trésorerie qui proviennent :

- de l'activité (opérations du compte de résultat – produits encaissés ; charges décaissées quelle que soit la date de leur engagement) ;
- des opérations d'investissement et de désinvestissement (acquisitions et sorties d'actifs à long terme) ;
- des opérations de financement (augmentation de capital, nouveaux emprunts).

2 - CONCEPT CENTRAL DU DIAGNOSTIC FINANCIER

La trésorerie est un **concept objectif**, facilement compréhensible pour le lecteur des états financiers, qui n'est pas influencé par les choix comptables de l'entreprise (valorisation des stocks, mode d'amortissement, comptabilisation des éléments incorporels) à la différence du résultat ou de la CAF.

L'analyse de la trésorerie permet d'apprécier la solvabilité de l'entreprise et de prévenir ainsi **les risques de faillite**.

La trésorerie est un indicateur fréquemment utilisé en **gestion prévisionnelle** (évaluation des projets d'investissement ; budget de trésorerie).

Les **actionnaires** sont attentifs à l'évolution de la trésorerie de l'entreprise. Pour ces derniers, une entreprise n'a de valeur que si elle est apte à dégager suffisamment de trésorerie pour verser des dividendes et rembourser les emprunts contractés.

3 - L'EXCÉDENT DE TRÉSORERIE D'EXPLOITATION (ETE)

L'ETE ou variation de la trésorerie d'exploitation représente la **trésorerie générée par les opérations d'exploitation** et permet de détecter et prévenir les difficultés de l'entreprise.

Si l'ETE est positif, l'exploitation dégage de la trésorerie.
Si l'ETE est négatif, l'**exploitation consomme** de la trésorerie. Cette situation est principalement due à une rentabilité insuffisante.

Calcul à partir des encaissements et décaissements des opérations d'exploitation

Excédent de trésorerie d'exploitation (ETE)

=

Encaissements sur ventes :
– décaissements sur achats
– décaissements sur autres charges d'exploitation
– règlement de la TVA à décaisser

REMARQUE

Le poste variation de stock du compte de résultat n'a pas d'incidence sur la trésorerie. Il ne doit pas être pris en compte pour le calcul de l'ETE selon cette méthode.

Calcul à partir de l'excédent brut d'exploitation (EBE)

Rappelons que l'EBE est un flux de fonds. Il représente le flux potentiel de trésorerie généré par les opérations d'exploitation. Pour obtenir le flux réel de trésorerie, il convient de corriger l'EBE des variations de stocks, des créances clients et dettes fournisseurs.

ETE = EBE – ΔBFRE
Avec ΔBFRE = BFRE(N) – BFRE(N–1)

Effet de ciseaux

On parle d'effet de ciseaux lorsque la croissance de l'activité (hausse du chiffre d'affaires) s'accompagne d'une **augmentation du BFRE supérieure à celle de l'EBE**, ce qui se traduit par une diminution de la trésorerie d'exploitation.

L'effet de ciseaux est un risque qui se manifeste dans les entreprises qui connaissent une **forte croissance du chiffre d'affaires** et dont le ratio BFRE/CA est supérieur au ratio EBE/CA.

LES FLUX DE TRÉSORERIE (2) APPLICATION CORRIGÉE

On dispose des informations suivantes relatives à l'entreprise CISO.

EXTRAIT DU COMPTE DE RÉSULTAT (EXERCICE N)

Charges d'exploitation		Produits d'exploitation	
Achats de marchandises	220 000	Ventes de marchandises	400 000
Variation de stocks de marchandises	–6 000	Subventions d'exploitation	10 000
Services extérieurs	15 000	Reprises sur provisions	1 500
Impôts et taxes	7 000		
Charges de personnel	65 000		
Dotations aux amortissements	18 000		

EXTRAIT DU BILAN AU 31/12/N

ACTIF	N	N – 1	PASSIF	N	N – 1
Stocks	31 000	25 000	Dettes fournisseurs	32 000	26 000
Créances clients	25 000	18 000	Dettes fiscales et sociales	4 500	3 000

1) Calculez l'excédent brut d'exploitation.

2) Calculez la variation du besoin en fonds de roulement d'exploitation.

3) Calculez l'excédent de trésorerie d'exploitation à partir des flux d'encaissements et de décaissements.

4) Calculez l'excédent de trésorerie d'exploitation à partir de la variation du BFRE.

■ CORRIGÉ

1) CALCUL DE L'EBE

Ventes de marchandises	400 000
Coût d'achat des marchandises vendues	–(220 000 – 6 000) = –214 000
Subventions d'exploitation	10 000
Services extérieurs	–15 000
Impôts et taxes	– 7 000
Charges de personnel	–65 000
EBE	109 000

2) *Calcul de la variation du BFRE*

	N	N – 1
Stocks	31 000	25 000
Créances clients	25 000	18 000
– dettes fournisseurs	–32 000	–26 000
– dettes fiscales et sociales	–4 500	–3 000
BFRE	19 500	14 000
Variation BFRE	5 500	

3) *Calcul de l'ETE à partir des flux d'encaissements et de décaissements*

Flux d'encaissements générés par les produits d'exploitation

- Ventes de marchandises : 400 000 + 18 000 – 25 000 = 393 000
- Subventions d'exploitation : 10 000

Total : 403 000

Flux de décaissements générés par les charges d'exploitation

- Achats de marchandises : 220 000 + 26 000 – 32 000 = 214 000
- Services extérieurs : 15 000
- Impôts et taxes : 7 000
- Charges de personnel : 65 000
- Variation des dettes fiscales et sociales : 3 000 – 4 500 = –1 500

Total : 299 500

ETE : 403 000 – 299 500 = 103 500 €.

4) *Calcul de l'ETE à partir de la variation du BFRE*

ETE = EBE – variation BFRE
ETE = 109 000 – 5 500 = 103 500 €.

FICHE 20 LE TABLEAU DE FLUX DE TRÉSORERIE DE LA CENTRALE DES BILANS (CDB)

1 - INTÉRÊT ET STRUCTURE D'UN TABLEAU DE FLUX DE TRÉSORERIE

Les tableaux de flux de trésorerie visent à expliquer **comment l'entreprise dégage de la trésorerie et ce qu'elle en fait**.

Ils mettent en évidence les **choix stratégiques de l'entreprise et ses conséquences sur l'avenir**.

Il existe **plusieurs modèles de tableaux de flux de trésorerie**. Toutefois, tous font apparaître trois types de flux.

Flux de trésorerie liés à l'activité	Concept central des tableaux de flux de trésorerie. Il se décompose en : • Flux d'exploitation correspondant aux charges et produits d'exploitation (ventes encaissées, achats décaissés, salaires versés…). L'indicateur le plus pertinent est **l'excédent de trésorerie d'exploitation (ETE)**. • Autres encaissements et décaissements liés au cycle d'exploitation tels que : charges et produits financiers et exceptionnels (sauf produits de cessions des éléments d'actifs cédés qui relèvent de la fonction investissement, participation des salariés, impôt sur les sociétés).
Flux de trésorerie liés aux activités d'investissement	Il s'agit des encaissements et décaissements liés aux opérations d'investissements. Il permet d'apprécier la politique de développement de l'entité. *Exemples :* encaissements sur cessions d'immobilisations ; remboursements de prêts accordés par l'entreprise.
Flux de trésorerie liés aux opérations de financement	Il permet de comprendre les arbitrages financiers de l'entreprise. *Exemples :* augmentation de capital en numéraire, remboursement d'emprunt, concours bancaires courants.

2 - LE TABLEAU DE FLUX DE TRÉSORERIE DE LA CDB

Voir le tableau ci-contre.

Exercices	N	N – 1	N – 2
ACTIVITÉ			
Chiffre d'affaires HT et autres produits d'exploitation – variation « clients » et autres créances d'exploitation = **ENCAISSEMENTS SUR PRODUITS D'EXPLOITATION**			
Achats et autres charges d'exploitation – variation « fournisseurs » et autres dettes d'exploitation = **DÉCAISSEMENTS SUR CHARGES D'EXPLOITATION**			
FLUX DE TRÉSORERIE D'EXPLOITATION			
+ flux liés aux opérations hors exploitation – charges d'intérêts – impôt sur les bénéfices décaissés – flux affecté à la participation des salariés – distribution mise en paiement			
FLUX DE TRÉSORERIE INTERNE (A)			
INVESTISSEMENT			
Investissement d'exploitation hors production immobilisée + acquisitions de participations et autres titres immobilisés + variation des autres actifs immobilisés hors charges à répartir – subventions d'investissement reçues – variation des dettes sur immobilisations – encaissements sur cessions d'immobilisations			
FLUX LIÉ À L'INVESTISSEMENT (I)			
FINANCEMENT			
Augmentation ou réduction de capital – variation des créances sur capital appelé non versé = **FLUX LIÉ AU CAPITAL** **Nouveaux emprunts** dont nouveaux engagements de location-financement – remboursements d'emprunts = **VARIATION DES EMPRUNTS** Variation crédits bancaires courants + variation créances cédées non échues + variation avances de trésorerie reçues des groupes et associés + variation titres de créances négociables hors groupe = **VARIATION DE LA TRÉSORERIE PASSIF**			
FLUX LIÉ AU FINANCEMENT (F)			
VARIATION DE TRÉSORERIE ACTIF			
Variation disponibilités + variation valeurs mobilières de placement + variation des avances de trésorerie aux groupes et associés			
VARIATION DE LA TRÉSORERIE ACTIF = A – I + F			

LE TABLEAU DE FLUX DE TRÉSORERIE DE L'ORDRE DES EXPERTS COMPTABLES

PRÉSENTATION DES DEUX MODÈLES DE TABLEAUX DE FLUX DE L'OEC

Le comité de la réglementation comptable a prévu deux modèles de présentation du tableau de flux de l'ordre des experts comptables (OEC).

- **Modèle 1** : le flux net de trésorerie lié à l'activité est calculé à partir du résultat net.
- **Modèle 2** : le flux net de trésorerie lié à l'activité est calculé à partir du résultat d'exploitation.

Le calcul des autres flux est similaire.

Modèle 1

Flux de trésorerie lié à l'activité Résultat net • *Élimination des charges et produits sans incidence sur la trésorerie ou non liés à l'exploitation :* + amortissements, provisions et dépréciations (à l'exclusion des dotations pour dépréciation de l'actif circulant) + valeur comptable des éléments d'actif cédés – produits des cessions d'éléments d'actif – quote-part des subventions d'investissements virées au résultat – augmentation des frais d'établissement – transferts de charges au compte de résultat = **Marge brute d'autofinancement** – variation du BFR lié à l'activité
Flux de trésorerie généré par l'activité (A)
Flux de trésorerie lié aux opérations d'investissement – acquisitions d'immobilisations + cessions d'immobilisations nettes d'IS + réduction d'immobilisations financières + variation des dettes et créances sur immobilisations
Flux de trésorerie lié aux opérations d'investissement (B)

Flux de trésorerie lié aux opérations de financement + augmentation de capital – réduction de capital – dividendes versés + augmentation des dettes financières + subventions d'investissement reçues – variation du capital souscrit non appelé – variation du capital souscrit, appelé, non versé
Flux net de trésorerie lié aux opérations de financement (C)
Variation de la trésorerie = A + B + C
Trésorerie d'ouverture (D)
Trésorerie de clôture = A + B + C + D

Modèle 2

Flux de trésorerie lié à l'activité Résultat d'exploitation • *Élimination des charges et produits sans incidence sur la trésorerie ou non lié à l'activité :* + amortissements et provisions à l'exclusion des dotations aux dépréciations des actifs circulant – transfert de charges au compte de charges à répartir = **Résultat brut d'exploitation** – variation du besoin en fonds de roulement d'exploitation
Flux net de trésorerie lié à l'exploitation
• Autres encaissements et décaissements liés à l'activité +/– produits et charges financières +/– produits et charges exceptionnelles – autres (impôt sur les sociétés, participation, augmentation des frais d'établissement) – variation du BFR lié à l'activité (sauf variation du BFRE)
Flux net de trésorerie lié à l'activité

COMPARATIF DES DEUX MODÈLES CDB ET OEC

1 - LE TABLEAU DE TRÉSORERIE DE LA CDB

Logique financière et stratégique

Le flux de trésorerie interne constitue l'indicateur central du tableau de flux de la CDB. Il renseigne sur la capacité de l'entreprise à dégager de la trésorerie à partir de sa propre activité.

Les dividendes sont pris en compte dans les revenus répartis, ce qui signifie que le flux de trésorerie interne doit être suffisant pour **rémunérer les actionnaires**.

Le flux d'investissement met en évidence **la stratégie de développement** de l'entreprise (croissance interne, externe, recentrage…). Pour la CDB, les investissements de renouvellement doivent en priorité être financés par la trésorerie interne. Le recours au financement externe est autorisé pour financer les investissements de croissance.

Le flux de financement fait apparaître les **arbitrages financiers** auxquels l'entreprise a procédé (couverture de besoin résiduel de financement ou placement des excédents disponibles).

Le tableau de flux de la CDB boucle sur la variation de la **trésorerie actif**. Elle représente la synthèse des décisions de gestion de l'entreprise.

Méthode de calcul des flux – retraitements

Les flux sont calculés selon la **méthode directe**	Les flux de trésorerie sont calculés à partir des encaissements et décaissements, méthode conforme aux pratiques internationales.
Les subventions d'investissement	Classés dans les **recettes d'investissement**.
Les dividendes distribués	Classés dans les **dépenses liées à l'activité**.
Les dépréciations et reprises sur éléments de l'actif circulant	Elles sont exclues du tableau comme les autres produits et charges calculés.
Les retraitements	• Crédit-bail[(1)]. • Effets escomptés non échus[(2)].

(1) La valeur d'origine du bien est inscrite dans les dépenses d'investissement. La redevance est ventilée entre flux d'intérêts et flux de financement.

(2) Les effets escomptés non échus sont retraités en créances d'exploitation et en CBC.

2 - LE TABLEAU DE TRÉSORERIE DE L'OEC

Le flux de trésorerie lié à l'activité est calculé selon la **méthode indirecte**.

Les dotations nettes de reprises sur dépréciations de l'actif circulant sont assimilées à des **flux monétaires**.
Ces flux « calculés » ne sont pas éliminés du résultat pour le calcul du flux de trésorerie lié à l'activité. En conséquence, la variation du BFR est déterminée à partir des valeurs nettes du bilan.

La **marge brute d'autofinancement** correspond à une **CAF retraitée**.

Les subventions d'investissement et dividendes distribués **sont inclus dans la fonction financement**.

Les effets escomptés non échus et le crédit-bail **ne sont pas retraités**.

LE BESOIN EN FONDS DE ROULEMENT NORMATIF (1) – PRÉSENTATION

1 - DÉFINITION

Le besoin de financement lié au cycle d'exploitation représente une des composantes (avec les immobilisations) des **capitaux investis** qui doivent être financés.

Le BFRE dépend de postes (stocks, clients, fournisseurs) qui fluctuent en fonction du **niveau d'activité** de l'entreprise (représenté par le chiffre d'affaires) et la durée des **crédits d'exploitation** (crédit clients et fournisseurs).

Afin d'éviter des problèmes de trésorerie durables, le chef d'entreprise doit donc **prévoir les capitaux nécessaires (fonds de roulement)** pour financer le cycle d'exploitation.

Le fonds de roulement normatif, dit aussi besoin en fonds de roulement normatif, **correspond au BFRE « moyen » prévisionnel exprimé en jours de chiffre d'affaires HT**.

2 - LA DURÉE D'ÉCOULEMENT DES POSTES DU BFRE

Chaque poste du BFRE se caractérise par sa durée d'écoulement qui représente la durée moyenne de présence du poste dans le bilan.

$$\textbf{Temps d'écoulement du poste} = \frac{\textbf{Montant moyen du poste}}{\textbf{Flux annuel du poste}} \times \textbf{360 jours}$$

EXEMPLES

1) Dans une entreprise, le crédit accordé aux clients est **30 jours fin de mois**. Les clients ne bénéficient pas de la même durée de crédit. En effet, les créances nées en début de mois bénéficient d'un crédit de 60 jours ; pour celles nées en fin de mois, le crédit n'est que de 30 jours. Le crédit moyen est (60 + 30)/2 = 45 jours

2) Dans une entreprise, le CAHT annuel est de 4 500 000 €. Le montant moyen des créances clients est de 550 000 € (TVA au taux de 20 %).

Le flux annuel du poste correspond au CATTC. La durée moyenne du crédit accordée aux clients est égale à :

$$\frac{550\ 000}{4\ 500\ 000 \times 1{,}20} \times 360 = 37 \text{ jours}$$

3 - LE COEFFICIENT DE STRUCTURE (OU COEFFICIENT DE PONDÉRATION)

Les temps d'écoulement ne sont pas comparables (bien qu'exprimés en jours) étant donné que les durées sont exprimées dans des unités d'évaluation spécifiques.

Afin de les comparer, il convient de les convertir en **jours de chiffre d'affaires hors taxes** (CAHT).

Le coefficient de structure mesure le poids de chaque poste par rapport au chiffre d'affaires HT.

$$\textbf{Coefficient de structure (CS)} = \frac{\textbf{Flux annuel du poste}}{\textbf{CAHT}}$$

EXEMPLE

Dans une entreprise commerciale, le CAHT est égal à 400 000 € ; les achats de marchandises s'élèvent à 160 000 €. Stock initial = 20 000 € ; stock final = 30 000 €.

Stock moyen : $\frac{20\ 000 + 30\ 000}{2} = 25\ 000$

Coût d'achat des marchandises vendues : 160 000 + (20 000 – 30 000) = 150 000

Le coefficient de structure est égal à : $\frac{150\ 000}{400\ 000} = 0{,}375$

Le temps d'écoulement est égal à : $\frac{25\ 000}{150\ 000} \times 360 = 60$ jours

Le BFR relatif à ce poste est égal à : 60 × 0,375 = 22,5 jours de CAHT, soit :

$$\frac{22{,}5 \times 400\ 000}{360} = 25\ 000\ €$$

FICHE 24

LE BESOIN EN FONDS DE ROULEMENT NORMATIF (2) – APPLICATION CORRIGÉE

Pour une entreprise commerciale, vous disposez des données suivantes relatives à l'exercice N.

Informations issues du compte de résultat	
CAHT annuel	800 000 €
Coût d'achat des marchandises vendues	400 000 €
Achat de marchandises (HT)	420 000 €
Salaires bruts (SB)	200 000 €
Charges salariales Charges patronales	15 % SB 30 % SB

Temps d'écoulement	
Stock de marchandises	20 jours
Crédit client	30 jours fin de mois
Crédit fournisseur	30 jours fin de mois, le 5 du mois suivant
TVA	La TVA est réglée le 18 de chaque mois
Salaires	Les salaires sont réglés en fin de mois
Charges sociales	Les charges sociales sont réglées le 10 du mois suivant

Calculez le besoin en fonds de roulement normatif.

CORRIGÉ

Postes de l'actif en jours de CAHT			
Éléments	**Temps d'écoulement (a)**	**Coefficient de structure (b)**	**(a) × (b)**
Stock de marchandises	20	0,5(1)	10
Clients	(60 + 30)/2 = 45(2)	1,20(3)	54
Total	**54 jours de CAHT**		

Postes du passif en jours de CAHT			
	Temps d'écoulement (a)	**Coefficient structure (b)**	**(a) × (b)**
Salaires nets	15(4)	0,2125(5)	3,19
Charges sociales	25(6)	0,1125(7)	2,82
Fournisseurs de marchandises	50(8)	0,63(9)	31,50
TVA	33(10)	0,095(11)	3,14
Total	**40,65 jours de CAHT**		

.e fonds de roulement normatif est égal à : 64 – 40,65 = 23,35 jours de CAHT oit en euros : 23,35 × 800 000/360 = 51 889 €.

ENVOIS EXPLICATIFS

1) Coût d'achat des marchandises vendues/CAHT.

2) Les clients ne bénéficient pas de la même durée de crédit. En effet, les créances .ées en début de mois bénéficient d'un crédit de 60 jours ; pour celles nées en fin .e mois, le crédit n'est que de 30 jours. Le crédit moyen est de 45 jours.

3) CATTC/CAHT = 1,20.

4) Le travail des salariés est supposé réparti uniformément sur le mois. La durée 'écoulement est de 15 jours.

5) Salaires nets = 0,85 × 200 000 = 170 000 € ; le coefficient de structure est gal à 170 000/800 000.

6) La durée d'écoulement des cotisations sociales est égale à celle des salaires ugmentée de 10 jours soit 25 jours.

7) Charges sociales salariales + patronales : 45 % × 200 000 = 90 000 € ; e coefficient de structure est égal à : 90 000/800 000 = 11,25 %.

8) Durée du crédit fournisseur : (60 + 30)/2 + 5 = 50 jours.

9) Coefficient de structure : 420 000 × 1,20/800 000 = 0,63.

10) Les achats et ventes sont supposés répartis uniformément sur le mois. La 'VA collectée et déductible varie entre 0 et 30 jours. Le temps d'écoulement de TVA à décaisser est donc de 15 jours + 18 jours soit 33 jours.

11) Le coefficient de structure est égal à : (TVA collectée sur ventes – TVA éductible sur achats)/CAHT = (800 000 – 420 000) × 0,20/800 000 = 0,095.

LE BUDGET DE TRÉSORERIE (1) PRÉSENTATION

1 - DISTINCTION BUDGET DE TRÉSORERIE/PLAN DE TRÉSORERIE

Budget de trésorerie

Il s'agit d'un document prévisionnel qui récapitule les flux de trésorerie d[e] l'entreprise (**encaissements et décaissements**) pour une période donnée.

L'horizon de la planification est en principe **annuel avec un découpage mensuel**

Le budget de trésorerie ne comprend que des **encaissements et décaissements** Il faut veiller à ne pas retenir des données telles que charges ou produits calculé[s] (dotations, reprises, variations de stocks).

Plan de trésorerie : équilibrage du budget de trésorerie

Le budget de trésorerie fait apparaître à la fin de chaque période (mois) les solde[s] de trésorerie (excédents ou déficits).

Le plan de trésorerie complète le budget de trésorerie. Il intègre les **financements des déficits ainsi que les placements des excédents**.

2 - DÉMARCHE D'ÉLABORATION DU BUDGET DE TRÉSORERIE

L'élaboration d'un budget de trésorerie s'inscrit dans le cadre d'une **démarch[e] budgétaire** (budget des achats, de production, des ventes, des investissements) En pratique, il est fréquent d'établir trois budgets : le budget de la TVA, de[s] encaissements et des décaissements.

Le budget de la TVA

Pour chaque période, il convient de déterminer le montant de la TVA à décaiss[er] en appliquant correctement les règles fiscales relatives à l'exigibilité de la TVA

La TVA à décaisser au titre d'un mois M devra être intégrée dans le budget d[e] trésorerie le mois M+1 (mois au titre duquel elle sera effectivement payée sau[f] règlement par obligation cautionnée).

Un crédit de TVA constaté au titre d'un mois M est reportable sur la déclaratio[n] de TVA du mois suivant (sauf procédure particulière de remboursement).

BUDGET DES ENCAISSEMENTS

Encaissements d'exploitation	• Établi à partir du budget des ventes. • Il intègre les règlements des clients (TTC). • Ne pas oublier les encaissements des créances relatives à l'exercice précédent.
Encaissements « hors exploitation »	Il comprend notamment : • les cessions d'immobilisations ; • les encaissements provenant de financements stables (emprunt, augmentation de capital, subvention).

BUDGET DES DÉCAISSEMENTS

Décaissements d'exploitation	• Établi à partir du budget des achats. • Il intègre les règlements des fournisseurs (TTC). • **Ne pas oublier les règlements des dettes relatives à l'exercice précédent**.
Décaissements « hors exploitation »	Il comprend notamment : • les acquisitions d'immobilisations ; • le règlement des annuités d'emprunt ; • les dividendes à payer ; • les acomptes et le solde de l'impôt sur les sociétés.

3 - BUDGET GÉNÉRAL DE TRÉSORERIE

Il présente, sous forme d'un tableau, la synthèse des budgets des encaissements et décaissements (budget de TVA compris).

	Janvier	Février	Mars
Trésorerie au début de mois (1)			
Encaissements du mois (2)			
Décaissements du mois (3)			
Trésorerie fin de mois = (1) + (2) – (3)			

4 - LE PLAN DE TRÉSORERIE

Le trésorier de l'entreprise choisit :

- les financements adaptés pour combler les déficits (escompte, crédit de trésorerie, découvert) en fonction de critères tels que le coût, la souplesse d'utilisation ;
- les meilleurs placements pour les excédents de trésorerie (en fonction de critères tels que la rentabilité, le risque).

FICHE 26 LE BUDGET DE TRÉSORERIE (2) APPLICATION – ÉNONCÉ

Le comptable de la société AZURO met à votre disposition des informations sur les prévisions de trésorerie pour le 1er trimestre N. Il vous demande d'établir le budget de trésorerie.

Budget des ventes	Janvier	Février	Mars
Ventes HT	350 000	380 000	437 500
TVA	70 000	76 000	87 500
Ventes TTC	420 000	456 000	525 000

Budget des achats	Janvier	Février	Mars
Achats HT	165 000	135 000	72 500
TVA	33 000	27 000	14 500
Achats TTC	198 000	162 000	87 000

Extrait de la balance au 31/12/N–1

	Solde débiteur	Solde créditeur
Fournisseurs(1)		193 563
Fournisseurs d'immobilisations(2)		239 088
Clients(3)	479 792	
Sécurité sociale et autres organismes sociaux(4)		47 270
Crédit de TVA	14 030	
Banque et caisse	25 000	

(1) Dont 129 243 payables en janvier, le reste en février.

(2) Payables moitié en janvier, moitié en février.

(3) Créance encaissée en janvier.

(4) Payables en janvier.

INFORMATIONS COMPLÉMENTAIRES

Les fournisseurs sont payés un tiers au comptant, un tiers à 30 jours fin de mois, un tiers à 60 jours fin de mois.

L'encaissement des créances sur les clients s'opère pour 40 % au comptant et 60 % à 30 jours fin de mois.

Les salaires nets mensuels s'élèvent à 63 520 € et sont payés le 28 de chaque mois.

Les charges sociales s'élèvent à 47 270 € par mois et sont payées au début du mois suivant.

Les autres charges s'élèvent chaque mois à 55 000 € (dont 25 000 € d'amortissement) et les charges décaissées sont réglées au comptant. Pour simplifier, on considérera que les autres charges décaissées ne sont pas passibles de la TVA.

Les décaissements relatifs aux dettes sur emprunt sont de 13 020 € en février.

Le décaissement relatif à l'acompte sur l'impôt sur les sociétés est de 12 000 € en mars.

La TVA due au titre d'un mois est payée le 20 du mois suivant.

FICHE 27 — LE BUDGET DE TRÉSORERIE (3) APPLICATION – CORRIGÉ

1- BUDGET DE TVA

	Janvier	Février	Mars
TVA collectée	70 000	76 000	87 500
TVA déductible	33 000	27 000	14 500
Crédit de TVA(1)	14 030		
TVA à décaisser	**22 970**	**49 000**	**73 000**

(1) Le crédit de TVA existant au 31/12/N – 1 est imputé sur la déclaration de TVA de janvier N.

2 - BUDGET DES ENCAISSEMENTS

	Janvier	Février	Mars
Clients 31/12/N – 1	479 792		
Ventes de janvier(1)	168 000	252 000	
Ventes de février		182 400	273 600
Ventes de mars			210 000
Totaux	**647 792**	**434 400**	**483 600**

(1) Les ventes réalisées en janvier sont encaissées pour 168 000 € en janvier (soit 40 %) et 252 000 € en février (soit 60 %).

3 - BUDGET DES DÉCAISSEMENTS

	Janvier	Février	Mars
Fournisseurs d'immobilisations	119 544	119 544	
Fournisseurs	129 243	64 320	
Achats janvier	66 000	66 000	66 000
Achats février		54 000	54 000
Achats mars			29 000
Autres charges	30 000	30 000	30 000
Salaires	63 520	63 520	63 520
Cotisations sociales	47 270	47 270	47 270
TVA à décaisser		22 970	49 000
Acompte d'IS			12 000
Totaux	**455 577**	**467 624**	**350 790**

4 - BUDGET DE TRÉSORERIE

	Janvier	Février	Mars
Solde début de mois	25 000	217 215	183 991
Encaissements	647 792	434 400	483 600
Décaissements	455 577	467 624	350 790
Solde fin de mois	**217 215**	**183 991**	**316 801**

L'évolution de la trésorerie est satisfaisante.

Le trésorier de l'entreprise doit être en mesure de placer au mieux les excédents de trésorerie en tenant compte de critères tels que la rentabilité, la liquidité et la fiscalité des produits de placement.

Les principaux placements à court terme sont les suivants :

- Acquisition de valeurs mobilières sur le marché financier (actions, obligations…).
- Placements par l'intermédiaire des OPCVM (organismes de placement collectif en valeurs mobilières) : SICAV, FCP…
- Placements sur le marché monétaire : titres de créances négociables tels que les bons du Trésor ou certificats de dépôts.
- Produits bancaires : comptes à terme, bons de caisse.

LE PLAN DE FINANCEMENT (1) GÉNÉRALITÉS

1 - DÉFINITION – OBJECTIFS DU PLAN DE FINANCEMENT

DÉFINITION

Le plan de financement est un document « **pluriannuel** » **prévisionnel** établi pour une durée de 3 à 5 ans. Il comprend :

- Les ressources **durables** de l'entreprise (CAF, emprunts, cessions d'immobilisations…).
- Les emplois **durables** (acquisition d'immobilisations, remboursement d'emprunt, distribution de dividendes…).
- Le plan de financement est construit selon une **logique de continuité d'exploitation**. Il ne tient pas compte de la valeur résiduelle ou de la récupération du besoin en fonds de roulement.

RÔLES DU PLAN DE FINANCEMENT

Instrument de pilotage pour les dirigeants	Il permet de mesurer **l'incidence des choix stratégiques** et de **financement** sur la trésorerie de l'entreprise.
Outil de négociation auprès des partenaires financiers	Le plan de financement permet de justifier le **recours aux financements externes**. Il intéresse les banquiers, associés, sociétés de capital risque…
Outil de prévention des difficultés de l'entreprise	Outil officialisé dans le cadre de la **loi sur la prévention des difficultés** de l'entreprise (1er mars 1984). Il doit être établi dans les 3 mois de l'ouverture de l'exercice. Le plan de financement doit comporter les rubriques identiques à celles qui figurent dans le tableau de financement. Un rapport doit accompagner le plan de financement prévisionnel : hypothèses retenues, modèle utilisé et nature des investissements envisagés.

2 - DÉMARCHE D'ÉLABORATION DU PLAN DE FINANCEMENT

La construction du plan de financement se fait en deux étapes :

- Élaboration d'un premier plan de financement **sans prendre en compte les financements externes**. Il permet d'évaluer les besoins à financer et de prévoir les financements externes nécessaires. Ce premier plan de financement est en général déséquilibré.
- Élaboration d'un second plan de financement qui prend en compte les **financements (augmentation de capital, emprunt, subvention)**.

3 - MODÈLE DE PLAN DE FINANCEMENT

	1	2	3	4	5
Besoin de financement Investissements Variations du besoin en fonds de roulement Réduction des capitaux propres Dividendes versés Remboursement d'emprunts					
Total besoins					
Ressources de financement Capacité d'autofinancement Cessions d'actifs immobilisés Remboursements de prêts Subventions d'investissements Augmentation de capital Emprunts nouveaux					
Total ressources					
Solde annuel de trésorerie					
Solde cumulé de trésorerie					

LE PLAN DE FINANCEMENT (2) EMPLOIS ET RESSOURCES

1 - LES EMPLOIS

Les dividendes	La distribution de dividendes est liée à la politique de dividende décidée par l'entreprise. **Il s'agit des dividendes distribués, c'est-à-dire provenant de l'affectation du résultat de l'exercice précédent.**
Les acquisitions d'immobilisations	Ils sont à retenir pour leur coût d'acquisition (montant HT) ou de production.
La variation du BFRE	Il se calcule généralement à partir de la méthode normative. La variation du BFRE est évaluée en fonction du niveau de chiffre d'affaires prévu pour les années retenues. **Dans un premier temps, il faut calculer le BFRE pour chacune des années et ensuite calculer la variation entre deux années. C'est cette variation qui doit être inscrite dans le plan de financement.** Les variations positives représentent un emploi à financer. **Les variations négatives sont portées en ressources (ou en emplois négatifs)**.
La réduction des capitaux propres	Il peut s'agir des retraits de l'exploitant individuel ou du remboursement du capital aux associés de la société.
Les remboursements d'emprunt	Il faut retenir le remboursement du capital emprunté. Attention à ne pas prendre en compte les intérêts financiers. Ceux-ci sont déjà intégrés dans le calcul de la CAF. Il faut tenir compte des remboursements des anciens emprunts et de ceux nouvellement contractés.

2 - LES RESSOURCES

La CAF	La CAF prévisionnelle est établie à partir **des comptes de résultat prévisionnels** (calcul à partir de l'EBE ou du résultat net).
L'augmentation des dettes financières	Il s'agit des sommes reçues par l'entreprise. En conséquence, un emprunt **obligataire est retenu pour son prix d'émission**. Les frais d'émission doivent être déduits du montant emprunté. Ils peuvent apparaître en charge (et donc pris en compte dans le calcul de la CAF) ou être répartis sur plusieurs exercices. Le montant brut est porté en emploi dans une rubrique « charge à répartir ».
Les cessions d'immobilisations corporelles, incorporelles ou financières	Elles doivent être prises en compte pour leur montant probable de réalisation. Il faut tenir compte de l'incidence fiscale des éventuelles plus ou moins values. En conséquence, le prix de cession est : • minoré de l'impôt en cas de plus-value ; • majoré de l'économie d'impôt en cas de moins-value.
Réduction d'immobilisations financières	Il s'agit des remboursements de prêts.
Augmentation de capital	Seule l'**augmentation de capital en numéraire** est génératrice de ressources financières. Il faut retenir le **capital libéré ainsi que la prime d'émission**, libérée et versée. Les **frais liés à l'augmentation de capital** sont à inscrire dans les emplois (ou déduits du montant des ressources perçues).
Les subventions d'investissement et autres financements provenant des collectivités locales	Elles font partie des « autres capitaux propres » et constituent une ressource l'année où elles sont perçues. Au plan fiscal, la subvention d'investissement peut être imposée immédiatement ou faire l'objet d'une imposition étalée. Le résultat et donc la CAF sont impactés en conséquence.
Comptes courants d'associés	Il s'agit des sommes que les associés mettent à disposition de la société. Elles peuvent être retirées à tout moment.

FICHE 30 LE PLAN DE FINANCEMENT (3) APPLICATION CORRIGÉE

Une entreprise envisage de réaliser début N un investissement et le plan de finan-cement qui l'accompagne.

Vous disposez des informations suivantes :

- Montant global de l'investissement : 540 000 €.
- Cession début N d'un matériel ancien complètement amorti (net d'IS) : 22 500 €
- Chiffre d'affaires additionnel prévu (années N à N+2) : 1 620 000 €.
- Le taux de marge sur coût variable sera 30 %.
- Les charges fixes d'exploitation seront de 270 000 € par an dont 90 000 € d'amortissements.
- Le taux de l'impôt sur les bénéfices est 25 %.

Le BFRE représentera 100 jours de chiffre d'affaires HT en N. Il devrait se main-tenir au même niveau en N+1 et N+2.

Il sera versé aux actionnaires un montant de dividendes de 39 750 € en N+1 e 36 000 € en N+2.

Pour financer son investissement, l'entreprise contracte un emprunt de 300 000 € en début de N au taux de 5 % remboursable par **annuités constantes** sur 5 ans. Ell procède à la même date à une augmentation de capital d'un montant de 450 000 €

1) Pour les années N à N+2, présentez le plan de financement de ce projet san tenir compte des financements externes.

2) Présentez le tableau de remboursement de l'emprunt.

3) Ajustez le plan de financement en prenant en compte les moyens de finance-ment externes de l'investissement.

4) Commentez les résultats obtenus.

CORRIGÉ

1) *Plan de financement*

Calcul de la CAF pour l'exercice N

Chiffre d'affaires prévisionnel	1 620 000
Marge sur coût variable	1 620 000 × 0,30 = 486 000
Charges fixes d'exploitation	270 000
Résultat d'exploitation après IS : (486 000 – 270 000) × 75 % (1)	**162 000**
Dotation aux amortissements **(2)**	90 000
CAF = (1) + (2)	**252 000**

Calcul de la variation du BFRE en N

BFRE : $1\,620\,000 \times \dfrac{100}{360} = 450\,000$ €.

La variation du BFRE en N+1 et N+2 est nulle étant donné que le BFRE de N+1 et N+2 est identique à celui de N.

Plan de financement

Éléments	Début N	N	N+1	N+2
Ressources				
CAF		252 000	252 000	252 000
Cession nette d'IS	22 500			
Total ressources	**22 500**	**252 000**	**252 000**	**252 000**
Emplois				
Investissements	540 000			
Dividendes distribués			39 750	36 000
Variation du BFRE	450 000			
Total emplois	**990 000**	**0**	**39 750**	**36 000**
Ressources – emplois	–967 500	252 000	212 250	216 000
Trésorerie initiale		–967 500	–715 500	–503 250
Trésorerie finale	**–967 500**	**–715 500**	**–503 250**	**–287 250**

2) *Calcul de l'annuité constante*

$$\text{Annuité} = 300\,000 \times \frac{0{,}05}{1-(1+0{,}05)^{-5}} = 69\,292\text{ €}$$

Tableau de remboursement de l'emprunt

Période	Capital début de période	Intérêts	Remboursement du capital emprunté	Annuité
N	300 000	300 000 × 0,05 = 15 000	69 292 – 15 000 = 54 292	69 292
N+1	300 000 – 54 292 = 245 708	12 285	57 007	69 292
N+2	188 701	9 435	59 857	69 292
N+3	128 844	6 442	62 850	69 292
N+4	65 994	3 300	65 994	69 292

ÉLÉMENTS PRÉVISIONNELS

3) *Les charges d'intérêts modifient la CAF*

Celle-ci est diminuée d'un montant correspondant à : Intérêt × 75 % (intérêt nets d'IS).

Éléments	Début N	N	N+1	N+2
Ressources				
CAF		252 000	252 000	252 000
Intérêts nets d'IS		***–11 250***	***–9 214***	***–7 076***
Cession nette d'IS	22 500			
Emprunt	***300 000***			
Augmentation de capital	***450 000***			
Total ressources	**772 500**	**240 750**	**242 786**	**244 924**
Emplois				
Investissements	540 000			
Distribution de dividendes			39 750	36 000
Variation du BFRE	450 000			
Remboursements du capital emprunté		*54 292*	*57 007*	*59 857*
Total emplois	**990 000**	**54 292**	**96 757**	**95 857**
Ressources – emplois	–217 500	186 458	146 029	149 067
Trésorerie initiale	0	–217 500	–31 042	114 987
Trésorerie finale	**–217 500**	**–31 042**	**114 987**	**264 054**

4) *Commentaires*

À l'issue des 3 années étudiées, le plan de financement est largement équilibré. Dès la deuxième année, le projet dégage une trésorerie finale positive.

L'opération d'investissement s'avère intéressante et son financement est assuré.

Achevé d´imprimer en août 2022 en Espagne par Grafo à Basauri
Dépôt légal : Janvier 2022 - Édition 02 - 13/4034/4